Supervisión de grupos
Método y práctica

Un breve manual para directores espirituales

Por: Ellen Tomaszewski

Traducido por:

Araceli Rendon
Alexander Obando
Carlos Obando

Supervisión de grupos
Método y práctica
Un breve manual para directores espirituales

Publicado por Etcétera Press LLC
Richland, WA
© 2017 E. Tomaszewski

Contacto para manuales adicionales:
Etcétera Press LLC
http://etcpress.net

509-628-8626

www.spiritual-exercises.com
spritualexercises@msn.com

ISBN: 9781936824564

Todos los derechos reservados

Foto de portada © 2004
Fontevraud Abbey, Francia

Tabla de Contenido

Introducción 4
Confidencialidad 7
    Contexto dentro del grupo de supervisión de colegas 7
    Dentro del retiro / Las relaciones del director 8
    Cuándo puede romper la confidencialidad 8
Cómo los valores sociales afectan la supervisión 9
    Creando el ambiente adecuado 9
    Aprender a amar de modo 10
    Modelo 1: 10
    Modelo 2: 10
Cómo desarrollar los valores del modelo 2 en su grupo 12
Fomentar el modelo 2 como presentador 15
Formulario de registro de la dirección espiritual 16
Cómo elegir una sesión de supervisión 18
Pasos para el éxito de la supervisión 19
Directrices para el facilitador 21
    Facilitador 21
    Presentador 21
    Supervisores de colegas 21
Cómo preparar su documento de supervisión 22
    Ejemplo literal 24
Preguntas para la reflexión de colegas 27
    En oración 27
    Sobre la relación de dirección 27
    En el director 27
    En el discernimiento 28
Consulta (instrucción de la dirección) 29
    Cuándo consultar 29
    Cómo consultar 29
    ¿Qué pasa después de la consulta? 29
Preguntas que un director puede hacer en la consulta 30
Agenda para la reunión de supervisión 31
Formulario de supervisión (para el presentador) 32
Conversación 32
Conclusión 34
Notas 35
Sobre el autor 36

Gracias a los traductores:

Araceli Rendon
Alexander Obando
Carlos Obando

por sus ayuda grande
con esta traducción.

Introducción

Hace unas semanas, cuando los directores de nuestro grupo de los ejercicios espirituales participaron en la supervisión, la presentadora había estado lidiando con un exceso de dirección con su participante en el retiro. Escuchamos su presentación y la desafiamos, la afirmamos y oramos con ella.

Al final de la sesión de una hora, ella dijo, "Vine aquí con nervios en el estómago, un poco preocupada por el proceso - como de costumbre - porque es muy revelador. Pero ahora, Dios trabajó a través de este proceso. Me siento mucho mejor al dejar a un lado mis propios objetivos y permitir que Dios obre a través de mí".

Sentirse amenazado o nervioso por la auto-revelación es natural. Cada uno de nosotros aprendemos como proteger nuestros egos. Pero algunas veces, esas respuestas automáticas pueden interferir en oír lo que Dios nos habla y en el resultado de nuestra dirección espiritual. Pero mientras nuestras defensas protegen al ego, también pueden impedirnos responder a la invitación de Dios a que profundicemos.

¡Entrar en la supervisión! Este proceso, extraído de las ciencias psicológicas, nos ayuda a descubrir nuestras agendas ocultas y acciones y revelan que nuestros espacios no-libres pueden interferir con el proceso de dirección. La supervisión es vital para cada director espiritual, nuevo o experimentado. Le proporciona una forma en la que el director puede descubrir y explorar en oración los rasgos de personalidad o los problemas que puedan interferir con la dirección, así como también los momentos de gracia.

Como Maureen Convoy, en su libro Mirando hacia el bien, dice: "El objetivo general de la supervisión es ayudar a los directores espirituales a crecer en la auto-conciencia y en la libertad interior con el fin de estar, junto a las experiencias del dirigido, atentos a Dios durante las sesiones de dirección." (Conroy. 1995. Página 9).

La supervisión trata de los movimientos interiores del director, no del dirigido. El director y el supervisor juntos escuchan contemplativamente a Dios y lo que ha estado sucediendo en el interior del director (lo que le afecta) mientras él está escuchando al otro. Y ambos, supervisados y supervisores, exploran donde estaba Dios en la sesión de dirección.

La supervisión efectiva abre al director a su yo mismo y sus sentimientos, respuestas o reacciones, que pueden incluir el aburrimiento, la ira, el miedo, la ansiedad, la distracción, así como también el entusiasmo, la alegría, la paz y la esperanza.

Con el tiempo, la supervisión ofrece muchos beneficios:
- Sensibiliza nuestro corazón para que esté más abierto a Dios, a uno mismo y a sus dirigidos.
- Expande la libertad interior y desarrolla la transparencia.
- Mejora la capacidad de concentración en los movimientos que ocurren dentro del dirigido.
- Desarrolla la auto-conciencia y la habilidad de escuchar.
- Permite al director estar más centrado en Dios.
- Ilumina, da energía y eleva la dirección espiritual de cada miembro del grupo.
- Desarrolla relaciones cercanas, confianza y respeto entre los miembros.

Para promover la libertad del trabajo interior, su grupo debe entender y definir los valores por medio de los que usted podrá conducir las reuniones y promover la concentración en Dios y la apertura creativa.

Este manual le ayudará a comenzar o mejorar la supervisión de su grupo. Le proporciona formas para registrar las sesiones de dirección, las presentaciones de supervisión, literalidad y una agenda para las reuniones de supervisión.

Confidencialidad

En su mejor momento, la supervisión de colegas ofrece una oportunidad de crecimiento para el director, promueve una mejor dirección para los dirigidos y fomenta una comprensión más profunda del proceso para todos los participantes. Durante la supervisión, los miembros del grupo de colegas y el presentador, disciernen mutuamente los movimientos espirituales del presentador que puedan bloquear o facilitar en la vida de oración de sus dirigidos. En una situación tan íntima, es vital que los compañeros siempre respeten la tensión entre su propia curiosidad y los límites de la confidencialidad.

Contexto dentro del grupo de supervisión de colegas

Si usted sigue el formato y sugerencias enlistadas a continuación, lo más probable es que usted se mantenga dentro de los límites de la confidencialidad.

Limite los detalles innecesarios que podrían conectar a la persona con su propia confidencia. Esto se complica en grupos más pequeños, donde cada director puede que tenga sólo un dirigido. Si usted está en una situación así, trate de no mencionar ningún material confidencial. Tome las situaciones que parezcan demasiado privadas a una persona - su director, un supervisor privado o al director del programa - para discernir si usted debe plantear la situación durante la supervisión. De lo contrario, diga lo menos posible acerca del dirigido y enfóquese en su reacción o experiencia.

Hable más sobre sus pensamientos, sentimientos, respuestas o reacciones que sobre las de su dirigido.

Usted viola la confidencialidad si su presentación se conecta con la identidad que su dirigido le ha compartido en confidencia. Por ejemplo: "Joan está experimentando esto." Usted permanece confidencial si comparte sin decir quién lo dijo, o utiliza un seudónimo.

Dentro del retiro / Las relaciones del director

En el contexto de la comunidad del retiro, la tensión se produce entre lo que es público y lo que es confidencial. Siempre es mejor no decir nada acerca de cómo comparte la fe, a menos que esté claramente en el dominio público. Si usted como director tiene que buscar consulta con respecto a un dirigido, pida permiso a él para compartir la información confidencial.

- Cualquier cosa que un dirigido le confiesa a usted en privado es confidencial.
- Lo que se comparte en un grupo pequeño de fe es confidencial fuera del grupo. Sólo la persona que compartió puede mencionarlo de nuevo.
- Todo lo que es de conocimiento público, tales como la situación familiar del dirigido (por ejemplo: lo que el dirigido compartió con todo el grupo: madre soltera, etc.) no es confidencial.

Cuándo puede romper la confidencialidad

- Usted debe romper la confidencialidad si hay una preocupación legítima de daño físico o psicológico por el dirigido a sí mismo o a otros. Por ejemplo, la persona dice que está considerando el suicidio o asesinato.
- Si usted cree que debe romper la confidencialidad, debe informar al dirigido de su preocupación y que usted va a discutir el tema con personas de la autoridad.
- Si un dirigido comparte con usted un asunto serio que amenaza su vida, usted debe informar a su director del programa quien se pondrá en contacto con las autoridades apropiadas.

Cómo los valores sociales afectan la supervisión

Todos nosotros actuamos de maneras que creamos patrones. Por ejemplo, cuando nos enfrentamos a la vergüenza o la amenaza a nuestra forma de entender, para evitar la humillación o la ansiedad, puede ser que nos mostremos defensivos. Desafortunadamente, las defensas pueden impedirnos descubrir la causa de nuestro malestar y la invitación que Dios hace a través de ésta.

Creando el ambiente adecuado

Hemos encontrado que nuestro proceso de supervisión depende de nuestro ambiente comunitario. Cuando inspiramos a los participantes a ser abiertos, honestos y libres, el proceso funciona. Si los participantes se sienten amenazados, juzgados o minimizados, la supervisión falla.

Estas preguntas pueden ayudarle a identificar lo bien que usted puede haber creado este ambiente.

- Al final de la sesión, ¿el presentador se siente bendecido o agradecido por la experiencia, o se siente incómodo o molesto de alguna manera? ¿Habla usted de esos sentimientos?
- ¿Los otros participantes se sienten cómodos y humildes o justos y perturbados?
- ¿La sesión ayudó para que el presentador sea abierto y honesto, incluso con temas difíciles o auto-reveladores, o estaba a la defensiva?

Sus respuestas aclararán tanto los aspectos positivos como los perjudiciales de su proceso de supervisión. (Por supuesto que también identificarán las instancias en que los presentadores son auto-protegidos.)

Aprender a amar de modo que los presentadores puedan ser reales

La supervisión nos ayuda a descubrir problemas que dificultan la dirección. Esta auto-revelación no siempre es cómoda. Como resultado, la supervisión puede generar una actitud defensiva.

Su trabajo como supervisor es ayudar al presentador a aprender cómo ser más abierto. El presentador va a querer hacer eso si usted crea un ambiente de libertad en el que él puede admitir los errores, donde el presentador sabe que usted lo acepta y lo ama, mientras lo impulsa suavemente a su crecimiento. Para ello, el grupo debe entender y definir los valores bajo los cuales se conducirán las reuniones. El modelo de interacción que se utilice interferirá en gran medida en su éxito en la supervisión. Aquí hay dos opciones:

Modelo 1:

Los participantes se sienten juzgados y temerosos de las opiniones de los demás. Se sienten heridos o incluso hasta atacados durante el proceso. Sus experiencias no son validadas o incluso son criticados. Este comportamiento ata a los participantes y disminuye la libertad. En el modelo 1, el comportamiento con frecuencia descarta o evita la gracia de la conversión. Si un grupo practica el modelo 1, la supervisión se siente ineficaz, inútil, o incluso, amenazante.

Modelo 2:

En este modelo, el espíritu de Dios saca a la luz lo que está oculto para que podamos tomar decisiones libres y creativas que nos conduzcan a una agraciada y duradera relación con Dios y toda la creación. Para una supervisión efectiva, un grupo debe enfocarse y practicar los valores del modelo 2.
En la siguiente gráfica, usted encontrará las acciones y la descripción de cada uno.

Modelo 1	Modelo 2
Ayuda y apoyo	
Da aprobación y reconocimiento a otros. Dice que lo que usted cree los hará sentir bien con ellos mismos. Protege a los demás diciéndoles cuánto le importan. Encuentra fallas. Está de acuerdo que "los otros" se están comportando inadecuadamente.	Aumenta la capacidad de otros de participar y hacer frente a sus propias ideas. Ayuda a reconocer e identificar suposiciones superficiales, prejuicios y miedos. Esto se hace mejor revelando a los demás sus propias suposiciones, temores y prejuicios. Es transparente y ayuda a las personas en su grupo a arriesgarse de la misma forma.
Respeto por los demás	
Difiere de otras personas y no confronta sus razonamientos o acciones. Minimiza (o evita) los sentimientos negativos. Se enfoca sólo en los sentimientos positivos.	Atribuye a otras personas una gran capacidad para la auto-reflexión y el auto-examen. Confía en que ellos puedan verse a sí mismos sin llegar a sentirse tan molestos de perder su eficacia y su sentido de auto-responsabilidad o de elección. Se arriesga continuamente a probar esto con otros.
Fortaleza	
Defiende su posición con el fin de ganar. Sostiene su propia posición frente a la defensa de otros. Cree que sus sentimientos son vulnerables y son un signo de debilidad.	Defiende su posición, pero lo combina con conocimiento y auto-reflexión. Reconoce que sentirse vulnerable mientras fomenta el conocimiento es un signo de fortaleza.
Honestidad	
Cree que usted "debe" decir a la gente la verdad. Cree que usted "debe" decir a los demás todo lo que piensa y siente.	Busca la libre elección, corroborada por información válida. Se motiva a sí mismo y a otros a decir lo que saben, aunque tenga miedo de decirlo. Reconoce que las acciones o sentimientos "no-discutibles" estarían sometidos a la distorsión y encubrimiento.

Integridad	
Permanece fiel a sus principios, valores y creencias. Es razonable o suprime totalmente los pensamientos de la cabeza.	Defiende sus principios, valores y creencias de tal manera que invita al indagamiento sobre ellos por otras personas. Esta postura motiva a otros a arriesgarse a hacer lo mismo. Está comprometido con las decisiones y opciones y alerta a formas en que pueden ser implementadas.

Cómo desarrollar los valores del modelo 2 en su grupo

Hay varias formas en las que los miembros de su grupo pueden hablar, pensar y actuar, que fomentarán los valores del modelo 2 y su proceso.

Fomentar el Modelo 2 como participante

1. Continuamente enfatice la importancia de la confidencialidad.

2. Para aumentar la capacidad de los demás de participar y hacer frente a sus propias ideas, no juzgue. Acepte lo que el presentador dice y anímelo a que explore los lugares en los que se siente inadecuado, incómodo o confundido.

3. Practique la humildad y franqueza. Si usted (o cualquier persona en el grupo) se encuentra pensando como un "gurú" o un experto, haga lo mejor posible para disipar esa impresión. Admita errores, hable de cómo usted estaba en un error; permita que otros vean su humanidad.

4. Recuerde que su objetivo principal es buscar a Dios en el momento. Piense acerca de cómo usted puede ayudarle al dirigido a encontrar a Dios en el proceso de supervisión, así como en la circunstancia que lo trajo al proceso. Ore antes de hablar. Calme su propio espíritu al orar antes de la sesión.

5. No asuma que usted tiene la razón o que entiende lo que está pasando. Exprese su pensamiento u opinión y después pida a otros

que exploren con usted. Usted podría decir algo así: "Esto es lo que pienso; ¿cómo les suena esto a ustedes?".

6. Cuando alguien más esté hablando, asegúrese de explorar completamente los pensamientos y sentimientos de esa persona antes de ofrecer sus propias ideas. Utilice la técnica de escuchar activamente. Diga algo como: "Cuando usted dice eso, yo creo que usted se refiere a (llenar el espacio en blanco). ¿Es así?", o " he oído decir _____. ¿Es eso lo que usted quería decir?".

7. Ilustre lo que usted entienda utilizando los datos observables. Por ejemplo, usted podría decir: "Me di cuenta de que cuando usted habló de este momento, usted se miró las manos y apretó los ojos para cerrarlos. De eso yo asumo que usted se siente nervioso. ¿Es eso lo que está pasando? dígame más sobre eso''.

8. Haga su razonamiento público, claro y preciso. Describa cómo usted llegó a las conclusiones que sacó; pida a otros que miren el proceso con usted. Esto no sólo le ayuda a usted a profundizar en su comprensión, sino que también asegura que los demás entiendan sus intenciones. Por ejemplo, "Puedo ver las lágrimas en sus ojos y la forma tan fuerte en que usted habla. Su convicción de que Dios está en esta sesión parece tan evidente. ¿Cómo fue eso para usted? ".

9. Busque activamente las contradicciones y las explicaciones de las alternativas. Usted no pretende salvar a nadie, solo está tratando de llegar a la verdad o a la mejor opción disponible. Solicite ideas que estén en desacuerdo con las suyas. "Esto es lo que yo pienso y siento. ¿Qué otras opiniones hay? ".

10. Pregunte a los demás cómo experimentan su posición. "¿Mi posición en el grupo - o mi manera contundente o agradable de hablar –hace difícil hablar abiertamente?".

11. Confíe en que los miembros de su grupo se entienden a sí mismos y quieren ser abiertos. Tome riesgos en lo que usted comparte. Trabaje hacia una comunicación abierta y vulnerable. Trabaje

hacia la transparencia y anime a los demás a hacer lo mismo. Cuando todos están arriesgando, todos comparten un vínculo más profundo y de confidencialidad.

12. Trabaje a través de situaciones difíciles de solucionar. Cuando las personas no pueden ponerse de acuerdo, no se conforme con el desacuerdo. Deje que el grupo desarrolle maneras de probarse a sí mismo. "¿Qué podemos hacer para averiguar si tal caso es en realidad como es, o no lo es?, ¿Cómo podemos probar estos valores en competencia?".

Fomentar el modelo 2 como presentador

1. Acepte sus errores como parte del aprendizaje. Venga comprometido a ser lo más abierto posible. Hacer esto puede ser riesgoso y puede hacerlo sentir vulnerable. Sin embargo, es un signo de fortaleza cuando está al servicio de la verdad. Dígase a sí mismo y al grupo: "No me gusta estar equivocado, pero prefiero llegar a la verdad. Ayúdenme a bajar mis defensas".

2. Confíe en los miembros de su grupo para mantener lo que usted diga como confidencial.

3. Confíe que los demás lo amarán a través del proceso, sin importar lo que usted diga. Si usted es nuevo en el grupo, o simplemente está comenzando, esto puede tomar tiempo. Así que, si usted no puede confiar de inmediato, esté abierto a esto también. Diga algo así como, "estoy nervioso de compartir esto". Permita que los miembros del grupo le ayuden. Sólo con esta confianza uno puede sentirse cómodo para revelar los defectos y las debilidades.

4. Practique la humildad y acepte la humillación. Es a través de hacer esto que nosotros crecemos para ser abiertos y humildes.

5. ¿Cuál es la naturaleza de la confianza del presentador? (Por ejemplo: ¿la falta de confianza personal que causa una vacilación indebida?, ¿un exceso de confianza en uno mismo, causando que evitemos el poder absoluto de Dios?, ¿humildad valiente que motiva a la entrega de la confianza a Dios por el bien del dirigido?).

6. Tome un riesgo y diga lo que más teme mencionar o hablar, lo que le hace sentirse avergonzado, o lo que usted piensa que va a dar una mala imagen de usted. Cuando tomamos lo que está en la oscuridad y lo ponemos a la luz, prevenimos encubrimientos, decepciones y distorsiones. Traemos a Cristo a la situación, y nos hacemos más completos. Es por eso que es tan esencial tener un clima de aceptación en la supervisión. Esto hace que nuestro compartimiento de los problemas más profundos sea seguro.

Formulario de registro de la dirección espiritual

Registre cada sesión de la persona dirigida utilizando esta forma. Luego, usted puede utilizar estas notas para ayudarle a preparar su documento de supervisión.

Nombre del director:	Fecha de la sesión:
Nombre del dirigido:	Entrevista #:
Duración de la sesión:	

1. Describa en forma general su relación con el dirigido.
   - ¿Qué siente usted que sea la respuesta o impresión del dirigido hacia usted?, ¿Puede usted conectar esto a cualquier respuesta o conducta (verbal o no verbal) de usted?
   - Califique como usted percibe la calidad de su comunicación durante la sesión.

2. Anote brevemente el enfoque de la sesión. Incluya lo siguiente:
   - Contenido
   - Preguntas
   - Temas
   - Las experiencias religiosas del dirigido.

3. ¿Que fue para el dirigido lo más cómodo de discutir o explorar en profundidad?

4. ¿Qué asuntos que usted haya planteado, el dirigido evitó, ignoró o desvió?

5. ¿Crees que el dirigido se involucró más o menos en la experiencia de Dios durante la sesión?

6. ¿Cómo evaluaría usted al dirigido en el conocimiento de los temas y los principales asuntos que usted discutió con él? ¿Cómo quiere usted responder en las futuras reuniones?

7. Agregue cualquier comprensión adicional sobre las dinámicas de la sesión y / o la dinámica de la relación del dirigido con Dios.

Incluya una parte relevante del diálogo en este reporte. Debe ser una a dos páginas, en este formato:

Respuestas del director	Conversación
Esta sección debe incluir sus sentimientos, intuiciones, sentido de la presencia de Dios y otras respuestas que usted experimentó durante la sesión. También debe incluir lo bien que usted atendió a la conversación – los temas que evitó, ignoró o desvió y asuntos que le parecieron interesantes y cómodos de explorar.	Director 1
	Dirigido 1
	Director 2
	Dirigido 2
	Director 3
	Dirigido 3
	Etc.

Cómo elegir una sesión de supervisión

"¿Qué espera usted obtener de esta sesión de supervisión?", Yo pregunté.

"No estoy seguro. Traje este documento porque es mi turno de ser supervisado", respondió el director.

Uno de los aspectos más difíciles de la supervisión es tratar de entender por qué estamos trayendo esa conversación en particular o un incidente al proceso. Sin embargo, es una de las preguntas más importantes a responder. ¿Por qué? Porque hay algo importante acerca de ese acontecimiento que nos conmovió o nos confundió o hizo arrodillarnos ante Dios. Y un aspecto importante para la supervisión de cualquier tipo, es que el presentador discierna lo que él quiere de la sesión.

La supervisión funciona mucho mejor con un propósito establecido. Considere estas preguntas cuando usted discierne el propósito de la sesión:
- ¿Hubo momentos significativos donde usted sintió la presencia de Dios con más intensidad?
- ¿En qué momento se dio cuenta cuando sus emociones no estaban de acuerdo con la situación - ya que era demasiado o era muy poco?
- ¿Dónde experimentó usted la emoción más grande, ya sea positiva o negativa?
- ¿Hay lugares en los que usted se sintió confundido, fuera de lugar o incómodo?
- ¿Se sintió usted particularmente vigorizado o entusiasmado en algún momento?
- ¿Hubo algunos momentos que a usted le gustaría celebrar?

Después de que usted ha considerado estas preguntas, elija la sesión que le parezca más significante y escriba al respecto.

Pasos para el éxito de la supervisión

- Organice anticipadamente el horario de las reuniones de supervisión. Programe todo el año si le es posible, con fechas, horas, lugares, quién presentará y quién facilitará cada sesión de supervisión.

- Los directores con experiencia deberían ser supervisados por lo menos dos veces al año. Nuevos directores necesitan supervisión más regularmente - después de cada sesión es ideal.

- Cuando prepare su documento de supervisión, el presentador debe seguir este formato cuidadosamente y enviarlo anticipadamente a otros miembros en el grupo para que lo revisen y oren.

- Cuando una persona presenta su documento de supervisión, el resto del grupo supervisa.

- Durante la supervisión, manténgase enfocado en el director. A menudo es tentador, cuando un grupo comienza por primera vez, desviarse hacia los temas del dirigido: su crecimiento espiritual, el problema presentado, como él podría abordar ese problema, etc. Pero no se quede atrapado en eso. Toda conversación sobre el dirigido, a menos que sea un problema serio que necesite la intervención o ayuda profesional, se debe evitar conscientemente durante la sesión de supervisión.

- No se preocupe de hacer una supervisión "errónea". La práctica hace que la supervisión mejore, así que siga intentándolo. Usted mejorará con el tiempo. Cuanto mayor es la confianza entre los miembros del grupo, mejor será la supervisión.

- Los directores, especialmente los nuevos, ocasionalmente necesitan instrucciones sobre cómo proceder. Cuando sea necesario, tómese el tiempo para instruirlos (vea la página 25 para más información.)

- Asegúrese de indicar claramente que usted está saliendo de la supervisión y entrando en la consulta. Quédese allí sólo lo necesario para resolver su asunto. Luego regrese a la supervisión.

- No resuelva los problemas del dirigido. Manténgase enfocado en el director. Tampoco le diga al director cómo debe instruir al dirigido sobre un problema.

- Enfóquese en las técnicas de dirección o métodos que incluyan aclaración, afirmación, desafío e invite a la persona a profundizar.

Directrices para el facilitador, el presentador y los supervisores de colegas

Facilitador

1. Traiga el calendario de la reunión.
2. Abra y cierre la reunión.
3. Maneje el tiempo cuidadosamente de acuerdo con la agenda.
4. Modere la discusión según sea necesario para mantener el rumbo, asegurándose de que la discusión siga la intención, el ambiente y la actitud descrita en estas directrices (oración, enfoque en el presentador, etc.)
5. Recuérdele al grupo el enfoque: la presentación y discusión es en el presentador, no en el dirigido.
6. Permanezca abierto al Espíritu Santo.

Presentador

1. Venga preparado con el documento escrito para la supervisión.
2. Proporcione copias a los demás con anticipación si es posible o traiga copias a la reunión.
3. Sea abierto y honesto acerca de sus actitudes y sentimientos. Presente su documento, responda las preguntas y discútalas si es necesario.

Supervisores de colegas

1. Permanezcan abiertos y atentos al espíritu.
2. Escuchen atentamente lo que el presentador dice, escribe y siente.
3. Si desean, tomen notas cuando el presentador hable.
4. Desafíen al presentador a profundizar, fomente la exploración de los sentimientos – los lugares donde el director pudo haber sentido la presencia de Dios o donde sintió un impedimento para las acciones de Dios.

Cómo preparar su documento de supervisión

Elija una sesión de dirección reciente que le haya parecido poderosa, significativa, desafiante o confusa.

Utilice el formato mostrado en las páginas 21 y 22 y escriba literalmente una o dos páginas que registren la conversación entre usted y su dirigido. Preste atención especial a las respuestas del director. Estas ayudan al grupo a comprender lo que sucedía dentro de usted durante la sesión.

Describa sus experiencias y preocupaciones relacionadas específicamente a su participación con su dirigido. Este es el aspecto más importante de la supervisión.

- No se enfoque en las luchas de su dirigido. Nunca trate de "resolver" los problemas del dirigido. En vez de eso, comparta cómo su propia experiencia de orar o la sesión del dirigido ha sido afectada por su relación con su dirigido.

- Comparta sus propias preocupaciones espirituales, experiencias, sentimientos, fe, bloqueos, puntos ciegos, regalos, discernimientos, confianza y/o las confusiones en relación con la sesión del dirigido.

- Utilice siempre un nombre ficticio; cambie los datos de identificación (nombre, ocupación, ubicación) de su dirigido. Su anonimato debe ser preservado en todo momento.

- Si usted está preocupado específicamente por algún atributo de la vida o de la situación del dirigido, preséntelo con precisión.

- Incluya solo la suficiente información acerca de su dirigido como para proporcionar una comprensión adecuada de la sesión.

- Las presentaciones no siempre tienen que contener "problemas" por resolver. Si la relación va bien, por ejemplo, su rol puede ser de afirmación y gratitud por este hecho. Sin embargo, si hay problemas o bloqueos en su relación con un dirigido, identifíquelos y confróntelos con la mayor franqueza y claridad posible.

Prepare un informe escrito siguiendo la forma en las páginas 27 y 28. Sus respuestas deben basarse en la sesión que usted eligió enfocar.

Desarrolle una pregunta para el grupo sobre la cual usted desea retroalimentación. Como se mencionó anteriormente, esto ayuda al enfoque del grupo y se asegura de obtener lo que usted necesita de la sesión.

Si no puede entender por qué usted trajo una conversación en particular, dígalo. Podría decir que la razón por la que usted trajo esta conversación al grupo, es porque quiere ayudar tratando de decidir por qué este evento fue lo suficientemente importante como para traerlo a la supervisión.

Ejemplo literal

Escriba su experiencia de dirección en este formato.

Respuestas del director	Conversación
Me siento un poco disperso. Tenía la habitación lista y luego me olvidé totalmente que L venía. Me siento avergonzado de ese "momento senil." Me recuerda lo humano que soy.	Laura 1. Yo oré acerca de Dios creándome momento a momento y obtuve mucho de esto. Yo creo que estoy siendo constantemente creada; y esto me reconfortó.
Estoy comprometido, ahora estoy en la misión.	D1. Cuéntame más.
Yo me imagino cómo sería moverse, luego de estar en muchas cosas, a estar solo, y creo que ella está haciendo bien, tratando de entender lo que debe ser esto. Me doy cuenta de que esto tomará tiempo y quiero ayudarla con la transición a reconocer que ahí está uno y descubrir dónde Dios encaja en esto.	L 2. Yo vivía en una casa lujosa con muchas cosas. Ahora vivo en una casa pequeña junto al río. Yo solía estar con gente todo el tiempo, ahora estoy solo la mayor parte del tiempo. Es un momento de transición, pero tengo más tiempo con Dios. Estoy cambiando y puedo ver la mano de Dios en esto.
A veces las respuestas podrían ser obvias, pero pregunto para asegurarme de que no estoy asumiendo algo que no es cierto y que le permita a ella explorar esto.	D 2. ¿Qué significa para usted tener más tiempo para Dios?
Me siento humillado por su admisión de impaciencia, ya que a veces me impaciento yo mismo. Ahora, sin embargo, me siento cómodo de permitir que Dios me revele en su propio tiempo, lo que el dirigido está llamado a hacer.	L3. Bueno, a veces da miedo estar solo, pero he estado tratando de tomar más tiempo para orar y adaptarme a Dios. Y yo creo que soy llamado a hacer ALGO, pero no sé lo que es todavía. Así que es difícil esperar para averiguarlo. Pero estoy dispuesto a esperar en Dios.

L no es siempre capaz de aislar sus sentimientos, así que intento señalarlos cuando los escucho. Estoy emocionado a que esté abierta a esperar en Dios.	D3. Parece que tiene usted muchas emociones presentes – Le oí decir que está solo, asustado y que está esperando en Dios. Esperar en Dios es algo grandioso.
Me siento apoyado y abierto a lo que Dios está haciendo.	L4. Pero es tan difícil hacerlo. Yo sólo quiero seguir adelante con las cosas. Me siento muy improductivo. No me gusta esperar, pero me doy cuenta de que estoy aprendiendo a esperar. Estoy dispuesto a esperar.
Yo quiero afirmarla a ella en sus esfuerzos y paciencia y el hecho de que yo entiendo el reto de esperar en Dios.	D4. Ah, sí, yo le oigo. Es muy difícil hacerlo. Se necesita paciencia. Y veo que usted está practicando esa paciencia.
Espero poder ayudarle a ver que ella está de verdad dejando que Dios hable y ella fue paciente.	L 5. ¿En serio? Me alegro, porque yo pensé que estaba siendo impaciente.
Pensé que mi observación la sorprendió - ella parecía sorprendida. Confirmé mi sospecha diciéndole lo que yo observé y confirmando que yo estaba entendiéndola correctamente.	D 5. Usted parece sorprendida por eso.
	L 6. Sí, yo pensé que yo estaba impaciente porque quiero resultados. Y no me gusta esperar. Pero veo que no estoy forzándolos [los resultados]. Yo estoy esperando. Mis amigos y mi abogado me dicen que espere. Incluso mi oración me dice ahora- Dios me dice. Así que supongo que estoy esperando.
Yo tenía la esperanza de que si yo podría conseguir que Laura enfrentara su renuencia por esperar, ella podría descubrir algunas de las razones por las que se siente ansiosa e improductiva.	D 6. Usted parece decir eso con resignación. [Ella está de acuerdo]. ¿Me puede decir por qué no le gusta esperar?

Yo no llegué muy lejos. L no estaba dispuesta a seguir mi pauta y se fue en una dirección diferente. Pero me sentí confiado de que Dios traería a su mente de nuevo si era necesario. No hay ansiedad en esto de mi parte.	L 7. Oh, usted sabe, es difícil y yo quiero seguir adelante. (Ella divaga sobre su divorcio y en lo que sus amigos tienen que decir). Es difícil atraerla de vuelta a la espera y que no le guste.

Preguntas para la reflexión de colegas

Las siguientes preguntas pueden ayudar a los colegas a saber qué cuestionar al presentador. Utilícenlas como punto de partida.

En oración

- ¿Cómo surgió la oración en esta sesión de la dirección?
- ¿Cuáles son sus experiencias y suposiciones acerca de lo que es la oración, cómo sucede y qué poder tiene?

Sobre la relación de dirección

- ¿Qué tanto (mucho o poco) comparte de su propia experiencia con el dirigido?
- ¿Qué signos de gracia ve usted en esta relación?
- ¿Cómo es usted y su dirigido un "regalo" para cada uno?
- En la sesión presentada, ¿se da usted cuenta de cualquier amenaza o desafío a sus valores, creencias o ajuste psicológico? ¿Cómo podría esto estar afectando la relación?
- ¿Hay problemas de dependencia, apego, sexualidad, ira, poder o manipulación que necesitan ser abordados?
- Si es así, ¿son ellos vistos como obstáculos o invitaciones para crecer?
- ¿En la relación, qué parece que ayuda o dificulta la atención del presentador hacia Dios?

En el director

- ¿Qué tan consciente es el director?
- ¿Identifica usted problemas en el dirigido o en la relación, que parece causar al presentador estar incómodo?
- ¿Qué tan bien el presentador confronta sus problemas?
- ¿Puede el presentador discutir "asuntos difíciles"?
- ¿Qué tan profundo ve el presentador sus emociones a través de las imágenes superficiales. Entiende la presencia de Cristo o la imagen de Dios en esa persona?
- ¿Cuál es la naturaleza de la confianza del presentador? (Por ejemplo: ¿la falta de confianza personal que causa una vacilación

indebida? ¿Un exceso de confianza en sí mismo, causando que evite el poder absoluto de Dios? ¿Una humildad valiente alentando la entrega personal a confiar en Dios por el bien del dirigido?).

En el discernimiento

- ¿Cómo ve usted que sucede el discernimiento en esta relación?
- ¿El presentador confunde el discernimiento con la enseñanza o con dar consejos?
- ¿Cómo trata el presentador la consolación y desolación en el dirigido?
- ¿Cómo podrían el ánimo personal del presentador o la afectividad espiritual afectar la sesión o el discernimiento?
- ¿El presentador a veces confía demasiado en su conocimiento a expensas de lo radical, la voluntad y la apertura al espíritu?

Consulta (instrucción de la dirección)

Algunas veces el presentador necesita información, habilidades o instrucciones de como dirigir, en lugar de una visión de sí mismo. Cuando un director realmente no sabe cómo proceder, o quiere información acerca de lo que él debería haber hecho en una sesión de dirección, los miembros del grupo pueden y deberían aconsejar.

Cuándo consultar

Es mejor si usted reserva un tiempo al final de cada sesión de supervisión para consultar. Esto hace que la instrucción o la resolución de problemas se separen de la supervisión. Sin embargo, sea flexible. Si la situación lo amerita, consulte.

Cómo consultar

Cuando cambie de la supervisión a la consulta, reconozca el cambio en voz alta. Dígale al presentador lo que usted está haciendo.

¿Qué pasa después de la consulta?

Cuando usted termine la consulta, regrese a la supervisión. Una vez más, sea claro con el presentador y el resto del grupo en cuanto esto ocurra. De esta manera todos reconocen el cambio.

Preguntas que un director puede hacer en la consulta

(Tenga en cuenta: todos están enfocados en el director y cómo él puede mejorar el proceso de dirección o su propia respuesta, no en la forma en que el dirigido debería actuar o responder.)

- ¿Cómo yo podría haber ayudado a mi dirigido a profundizar en una experiencia?

- ¿Qué debería yo haber hecho para mantener mis propios sentimientos fuera del proceso?

- ¿Cómo puedo escuchar mejor, de manera que yo pueda resumir más efectivamente lo que mi dirigido dice?

- ¿Qué puedo hacer la próxima vez que ayudaría a la sesión a estar enfocada en lo que Dios está haciendo en la vida del dirigido?

- Me siento atrapado sobre (mencione el problema.) ¿Cómo enfrento este asunto para no tropezarme la próxima vez que lo enfrente?

Agenda para la reunión de supervisión

Para cada reunión, asigne un facilitador y un presentador (no la misma persona.) Rótelos para que cada miembro del grupo tenga la oportunidad de facilitar y de presentar.
1. **Apertura** (1 minuto) - El facilitador recuerda al grupo la actitud, el enfoque y la intención de la reunión. Diga algo como: "Quiero recordarles que el enfoque de la presentación y la discusión deberá ser más en el presentador que en el dirigido. La intención de esta reunión es estar abierto al Espíritu Santo".
2. **Silencio** (1-2 minutos) - "Vamos a tomar 1 o 2 minutos para orar en silencio antes de empezar".
3. **Presentación** (hasta 15 minutos) - Otros miembros escuchan en silencio, mientras el presentador lee el documento que ha preparado.
4. **Preguntas y aclaraciones** (5 minutos).
5. **Oración silenciosa, reflexión y escritura** - (3-5 minutos).
6. **Discusión y preguntas** (hasta 30 minutos).
   a) Traiga cualquier cambio a la consulta o la resolución de problemas para atenderlas en el grupo.
   b) Reconozca y discuta los temas relacionados con la técnica o el proceso.
   c) Identifique y ayude al director a reconocer, abordar o enfrentar los problemas.
7. **Oración silenciosa** (1-2 minutos).
8. **Proceso de la reunión** (5 minutos).
   a) ¿Qué tan bien nos mantuvimos enfocados en el presentador (a diferencia del dirigido)?
   b) ¿Algún lugar especial donde nos pareció estar "fuera de lugar" (demasiado enfoque en la solución de problemas, muy analítico, no atento al espíritu)?
   c) ¿Cómo el presentador / los compañeros se sienten acerca de la reunión?
9. **Oración final** (1 minuto) - en silencio o verbal.

Formulario de supervisión (para el presentador)

La fecha de hoy	Nombre del dirigido
Nombre del director	Fecha de la conversación

Venga con su documento escrito con precisión en el formato que se muestra en las páginas 21 y 22. Es bueno dar con anticipación su documento escrito al grupo.

Respuestas del director	**Conversación**
Sentimientos del director, pensamientos, etc. durante la dirección. Sea lo más específico posible.	Director 1
	Dirigido 1
	Director 2
	Dirigido 2 (etc.)

Dé una breve biografía del dirigido: (qué es lo que sus compañeros necesitan saber para ayudarles a entender mejor esta situación. Comparta aquí solo la información pública.)

1. Yo estoy presentando esta parte de la conversación de la supervisión porque:

   (Identifique lo que quiere lograr en esta sesión, por ejemplo: "Quiero entender mi incomodidad mientras Jesús abrazaba al dirigido" O "Quiero entender por qué tiendo a juzgar en vez de escuchar cuando ella siente enojo". Entre más específico sea, es mejor).

2. Lea su papel escrito en voz alta, con otra persona si es posible, tomando cada uno el rol del dirigido o del director. Luego continúe leyendo sus respuestas a las siguientes preguntas.

3. ¿Cuál fue la experiencia más importante que el dirigido trajo a la sesión de dirección espiritual? (Esto podría ser cualquier cosa – una confusa o "¡aja!" experiencia de la oración o una gran emoción, tales como entusiasmo, miedo, consuelo, ira o triunfos / luchas en cualquier área).

4. ¿Dónde experimenté a Dios en esta sesión?

5. ¿Cómo mi dirigido descubrió / exploró la presencia de Dios?

6. ¿Cuáles sensaciones físicas significativas, si hay algunas, o lenguaje corporal, se produjeron en el dirigido o en mí? (lágrimas, hábitos nerviosos como cerrar los ojos, retorcer las manos, tensar los tejidos, tocar los pies, etc.)
    a) ¿Cómo interpreté esas sensaciones?
    b) ¿Cómo afectaron la sesión y mi respuesta al dirigido?
    c) ¿Se lo mencioné a mi dirigido?
    d) ¿Por qué o por qué no?

7. ¿Cuáles fueron mis sentimientos?:
    a) ¿Al comienzo de la sesión?
    b) ¿Al final de la sesión?
    c) ¿A qué atribuyo la diferencia?
    d) ¿Dónde experimento la sensación más fuerte (nombrarlo) y por qué?

8. ¿Qué problemas experimenté en la sesión de dirección que me gustaría que otros en este grupo me ayudaran?

Conclusión

Supervisión combina el arte con la técnica, mezclando fuertes dosis de amor, respeto y confianza con el pensamiento, la oración y la paciencia. Se necesitan años para que un grupo aprenda y la practique bien. Las sesiones fortalecen a todos. Es una herramienta muy poderosa.

En grupos más pequeños, la confidencialidad puede ser un reto, ya que los directores muchas veces conocen a todos los dirigidos. Si usted tiene un grupo pequeño, usted tendrá que trabajar más arduo para mantener los nombres y los detalles privados.

La buena noticia es que la supervisión de grupo se puede aprender.

Sea paciente con usted mismo y con su grupo. Tome buenas notas después de sus sesiones de dirección, prestando especial atención a sus propias respuestas a la conversación. Luego confíe en el espíritu santo para que lo guíe. Vale la pena el esfuerzo.

Notas

Sobre el autor

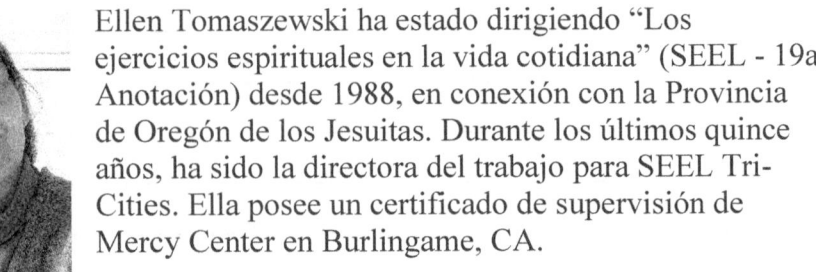

Ellen Tomaszewski ha estado dirigiendo "Los ejercicios espirituales en la vida cotidiana" (SEEL - 19a Anotación) desde 1988, en conexión con la Provincia de Oregón de los Jesuitas. Durante los últimos quince años, ha sido la directora del trabajo para SEEL Tri-Cities. Ella posee un certificado de supervisión de Mercy Center en Burlingame, CA.

La Sra. Tomaszewski ha sido miembro de la Comisión de Formación Espiritual para la Provincia de Oregón y fue representante de la Comisión en el Consejo del Ministerio Provincial. En julio del 2008, presentó un proyecto en el Instituto Ignaciano en St. Louis sobre la supervisión de grupo. Ella también habla con grupos en iglesias y con estudiantes en universidades y en escuelas preparatorias.

Ellen ha escrito otros manuales sobre los ejercicios espirituales, incluyendo 'Llevando los ejercicios espirituales al mundo', un manual para reuniones de grupos. Otros libros que ha escrito incluyen "Tóxico", una novela de suspenso, y "Lentes de color rosa", una memoria. También ha escrito diversos artículos y cuentos para varias revistas y periódicos.

Para más información sobre sus libros o sobre los ejercicios espirituales, visite www.spiritual-exercises.com o www.etcpress.net.

O por correo electrónico a info@spiritual-exercises.com

www.ingramcontent.com/pod-product-compliance
Lightning Source LLC
LaVergne TN
LVHW051207080426
835508LV00021B/2847